RÉCLAMATION

AF230333

PAR LES AFFRANCHIS

DES DROITS CIVILS ET POLITIQUES

OGÉ & CHAVANNES.

Par Emile Nau.

BIBLIOTHÈQUE NATIONALE — Don SCHŒLCHER — IMPRIMÉS

IMPRIMÉ AU PORT-AU-PRINCE

PAR T. BOUCHEREAU. - 1840.

RECLAMATION

PAR LES AFFRANCHIS

DES DROITS CIVILS ET POLITIQUES

OGÉ ET CHAVANNES.

Saint–Domingue était aussi préparé à une révolution que la France elle-même avant 89. Ici et là, la même agitation travaillait les esprits. Dès les premières tendances qui se manifestèrent dans la métropole, la colonie se disposa à s'associer au mouvement européen. Elle envoya ses députés aux Etats-Généraux; elle eût son club à Paris, et plus tard, un comité au sein de la Constituante. A l'intérieur, elle convoqua ses assemblées provinciales qui organisèrent

4

des forces contre le représentant de la
royauté et partagèrent avec lui quelque-
fois le gouvernement du pays, lorsqu'elles ne purent le lui ravir tout entier.
L'aristocratie coloniale se fit révolutionnaire uniquement dans le but d'affran-
chir la colonie de la domination métro-
politaine. En la ravissant à l'action di-
recte de la France, elle espérait y con-
sommer la révolution à son profit par
le maintien de l'ancien régime. Mais il
lui fallut combattre deux partis puissans,
le parti royaliste opposé à ses vues d'in-
dépendance, et le parti démocratique ou
les petits-blancs, ennemi de ses privilèges exclusifs.

En dehors de la lutte qui avait écla-
té entre les blancs, une classe importante, les hommes de couleur, * depuis long-tems opprimée, s'était mêlée à
l'agitation générale et avait protesté pour

* Cette dénomination comprenait généralement tous les
sangs-mêlés et les noirs libres qui formaient proprement la
classe des affranchis. Nous l'emploierons toujours dans ce
sens consacré par l'époque dont nous faisons le récit.

son compte contre un régime devenu intolérable. Des causes diverses avaient contribué, malgré l'abjection dans laquelle on s'efforçait de la retenir, à lui faire une position sociale bien éloignée de la condition des esclaves. D'autre part, par les mœurs, l'éducation et le travail, elle s'était considérablement rapprochée de la société blanche. Se sentant enfin appelée à des destinées meilleures, elle avait vu arriver le moment de réclamer l'égalité civile et politique. Elle fonda donc ses espérances sur la fameuse déclaration des droits de l'homme ; et elle ne manqua pas de sympathie pour une révolution entreprise au ncm de ce principe généreux et universel.

La modération caractérisa ses premières démarches, cette modération calme et pleine de dignité qu'inspire une bonne cause. Mais le préjugé fatal des blancs, l'irritation révolutionnaire à laquelle ils étaient en proie, et surtout la crainte que l'affranchissement moral et politique de cette classe intermédiaire, sur laquelle ils avaient toujours compté pour contenir leurs esclaves, ne la ravît à leurs desseins et n'entraînât, par suite, l'émancipation générale des noirs, poussèrent les imprudens ennemis des hommes de couleur à une aveugle oppression.

En même temps qu'on repoussait les hommes de couleur des assemblées représentatives, qu'on leur interdisait les droits d'électeurs et d'éligibles, on les tourmentait de vexations et de persécutions. Au Petit-Goâve, l'honorable Ferrand de Baudière rédige une pétition en leur nom : il est traîné dans les prisons et y paie de sa tête son imprudente générosité. Au Port-au-Prince, la Buissonnière se réfugie dans les montagnes pour ne pas subir le même sort. Après deux mois, d'une vie errante, il se rend volontairement en prison, accompagné de quelques-uns de ses frères qui avaient partagé sa retraite et son infortune. Ils n'obtiennent enfin leur grâce, à la barre du comité de Léogane, qu'en demandant pardon à genoux aux blancs qui les insultent et les outragent. A Plassac quatre-vingts hommes de couleur se réunissent sans armes pour délibérer sur l'envoi d'une pétition tendante à solliciter la grâce d'un des leurs qui avait refusé de prêter un serment conçu en ces termes : " *Je jure de rester soumis aux blancs, d'observer le respect que je leur dois et de verser jusqu'à la dernière goutte de mon sang.* " Ils sont dénoncés aux assemblées provinciales. Les blancs courent aux armes ; la destruction de tous les hommes de couleur de l'Artibonite est résolue. Ils veulent fuir à la nouvelle de leur proscription ; mais ils sont poursuivis, et tous ceux qui ont le malheur d'être atteints, reçoivent la mort sans merci, et leurs têtes sanglantes sont rapportées en triomphe à St-Marc. Au Cap sur une simple rixe entre un noir et quelques soldats blancs, le régiment des volontaires se répand par pelotons dans les rues de la ville et massacre tous ce qu'il rencontre d'hommes de couleur, on en jette un grand nombre dans les cachots; l'Assemblée du nord ordonne de faire leur procès. On ne tarde pas à reconnaître leur inculpabilité, et cependant ils sont conduits à la barre de cette Assemblée et renvoyés après notification d'être plus circonspects à l'avenir. Au Fond-Parisien une famille de couleur se met en état de défense et exerce quelques représailles contre d'injustes aggresseurs. On recourt à la force militaire. Elle est contrainte d'abandonner ses propriétés que le feu dévaste aussitôt et de se réfugier sur le territoire de la colonie voisine : les membres en sont déclarés traîtres à la patrie et rebelles aux blancs. Ces vexations et ces proscriptions se répétaient sur tous les points de la colonie. On arriva vîte à d'abominables conséquences : décimer la caste, prohiber les affranchissemens, et, ce qui est par-dessus tout absurde, nier la qualité d'homme aux hommes de couleur et aux noirs.

Malgré l'insuccès constant des tentatives des hommes de couleur pour obtenir l'amélioration de leur condition civile et, politique, la conviction les soutenant, ils persévérèrent. Au plus fort de la frénésie coloniale, ils s'adressèrent à la métropole, en déléguant des députés vers l'Assemblée nationale, à laquelle ils se remirent en toute confiance et au nom de l'attachement dont elle les savait liés à la France, du soin de leurs destinées.

Vincent Ogé, l'un des députés de couleur qui se réunirent en France à Fleury et à Julien Raymond, partit du Cap au commencement de 1789. Ils se trouvèrent bientôt à Paris au nombre de six. Deux hommes remarquables de cette députation, Raymond et Ogé, étaient heureusement rapprochés. Le premier doux, patient, éclairé, avait par ses lumières et son expérience servi précédemment sa cause en plus d'une circonstance. L'autre, paraissant pour la première fois sur la scène politique était entreprenant, courageux et plein de jeunesse, d'enthousiasme et de conviction. Ils offraient à eux deux un concours de qualités essentielles pour l'accomplissement d'une mission importante et aussi difficile en elle-même que la leur, et ils s'en fussent acquittés, nul doute, à l'honneur et pour la paix de l'humanité, si l'époque était moins violente, si une grande révolution où leur cause était impliquée et qui avait d'ailleurs tout à remettre en question, pouvait s'écouler sans d'orageux et sanglans événemens.

Ils firent une première démarche: ils se présentèrent à l'Assemblée nationale, dans sa séance du 22 octobre 1789 et y déposèrent leur pétition. Sur la connaissance qui en fut prise, le Président de cette Assemblée leur répondit: " Aucune partie de la nation ne réclamera vainement ses droits auprès de l'Assemblée des représentans du peuple français." Ces paroles libérales furent accueillies avec joie par la députation de couleur, elles

eurent pour effet de raffermir les espérances des hommes qui la composaient.
et de justifier la confiance que leur
avaient inspirée le patriotisme et les
principes de liberté et d'égalité de l'Assemblée. Ils en exprimèrent leur satisfaction à leurs amis, et au nombre de
ceux-là ils comptaient les plus dignes
des députés, Mirabeau, Grégoire, Brissot
de Warville, le général Lafayette et
d'autres honorables citoyens. Ce favorable
accueil les rendit surtout confians dans
leur vœu d'être admis bientôt comme
députés dans le sein de ce grand Corps.

Ils avaient bien compris qu'il fallait
mettre en œuvre tous les moyens propres
à l'avancement de leur cause. Ils parais-
saient, il est vrai, à la barre de l'Assemblée nationale pour qu'elle en décidât
en suprême arbitre ; mais ils ne se faisaient pas faute de la plaider devant
l'opinion publique. Dans ce but, ils pu-
bliaient des mémoires, ils fréquentaient
les clubs où ils discutaient leurs droits.

S'ils cherchaient ainsi à soumettre au monde les pièces du procès, ce n'était pas qu'ils craignissent qu'on pût élever le moindre doute sur l'évidente justice de leur réclamation, c'était pour combattre les préjugés et la malveillance de leurs adversaires.

Ils avaient eux-mêmes formé un club à l'hôtel d'Argenson, où, tout en s'éclairant sur leur mission, ils préparaient leurs moyens de discussion publique. Ils essayèrent d'opérer un rapprochement entre leurs intérêts et ceux des colons qui se réunissaient aussi en club à l'hôtel Massiac. Sur la proposition d'Ogé, ses collègues s'y transportèrent avec lui. Dans le discours qu'il y prononça il inssista avec une chaleureuse éloquence sur la nécessité de résoudre franchement la question de liberté et d'égalté civile des affranchis : " Messieurs, dit-il en termi-
" nant, ce mot de liberté qu'on ne pro-
" nonce pas sans enthousiasme, ce mot
" qui porte avec lui l'idée du bonheur, ne

« fût-ce que parce qu'il semble vouloir
« nous faire oublier les maux que nous souf-
« frons depuis tant de siècles ; cette liber-
« té, le plus grand, le premier des biens,
« est-elle faite pour tous les hommes ? Je le
« crois. Faut-il la donner à tous les hom-
« mes ? Je le crois encore ; mais com-
« ment faut-il la donner ? Quelles en doi-
« vent être les époques et les conditions ?
« Voilà pour nous, messieurs, la plus gran-
« de, la plus importante de toutes les ques-
« tions ; elle intéresse l'Amérique, l'Afri-
« que, la France, l'Europe entière ; et
« c'est principalement cet objet qui m'a
« déterminé, messieurs, à vous prier de
« vouloir bien m'entendre. Si l'on ne
« prend pas les mesures les plus promp-
« tes, les plus efficaces ; si la fermeté, le
« courage, la constance ne nous animent
« tous ; si nous ne réunissons pas vîte en
« faisceau toutes nos lumières, tous nos
« moyens, tous nos efforts ; si nous som-
« meillons un instant sur le bord de l'abî-
« me, frémissons de notre réveil ! Voilà le

« sang qui coule, voilà nos terres enva-
« hies, les objets de notre industrie ravagés,
« nos foyers incendiés, voilà nos voisins,
« nos amis, nos femmes, nos enfans égor-
« gés et mutilés ; voilà l'esclave qui lève
« l'étendard de la révolte ! Les îles ne
« sont plus qu'un vaste et funeste em-
« brasement ; le commerce est anéanti ;
« la France reçoit une plaie mortelle, et
« une multitude d'honnêtes citoyens sont
« appauvris, ruinés, nous perdons tout.

« Mais, messieurs, il est temps encore
« de prévenir le désastre. J'ai peut-être
« trop présumé de mes faibles lumières ;
« mais j'ai des idées qui peuvent être utiles.
« Si l'Assemblée veut m'admettre dans son
« sein, si elle veut m'autoriser à rédi-
« ger et à lui soumettre mon plan, je
« le ferai avec plaisir, même avec re-
« connaissance, et peut-être pourrais-je
« contribuer à conjurer l'orage qui gron-
« de sur notre tête.

Dans cet énergique appel aux colons
qui aurait tout l'air d'une exagération où

d'un épouvantail, si les temps postérieurs n'en avaient justifié à la lettre les prophéties, toute la pensée d'Ogé est exprimée : tous les hommes, sans réserve, ont droit à la liberté. Aux uns il la faut donner immédiatement ; les autres doivent y parvenir à une certaine époque et à certaines conditions. Les premiers, c'étaient les hommes de couleur, et ce n'était encore qu'en faveur de cette classe qu'il la réclamait. Mais le club contre-révolutionnaire s'alarma promptement des vues libérales de l'ardent patriote et les accueillit avec la plus dédaigneuse froideur. Ogé mécontent, ne se présenta plus à ses séances.

La simple promesse que l'Assemblée nationale avait faite de prendre en considération la réclamation des commissaires des hommes de couleur, leur avait suscité au dehors d'implacables ennemis. C'est à peine si les encouragemens des amis de la liberté pouvaient compenser les insultes et les humiliations qui leur étaient adressées de toutes parts.

Les députés blancs à Paris et le club Massiac que la passion et l'intérêt divisaient, se réunissaient pour les calomnier et déjouer leurs efforts. Ogé, plus qu'aucun de ses compagnons, supportait mal ces tribulations. Leur cause en souffrait; il s'était déjà écoulé du temps sans qu'elle fît à la Constituante plus de progrès qu'au premier jour. Aidés des conseils de leurs amis, ils attendirent encore avec patience.

Ils attendirent long-temps. Leur affaire était chaque jour portée sur le rôle et chaque jour différée. Déjà ils ne recevaient plus des nouvelles de leur famille de St-Domingue, leurs lettres étant interceptées. Leurs ressources pécuniaires diminuaient : elles finirent par manquer tout-à-fait. La plupart d'entr'eux vivaient déjà de la pitance d'autrui. D'autre part, les colons et les grands planteurs leur faisaient, sans répit, une guerre d'ava-

nies. Ils ne pouvaient plus sortir dans les rues sans être exposés aux insultes les plus gratuites et les plus offensantes, et s'ils s'abstenaient de sortir, on jetait chez eux des anonymes où ils lisaient des menaces d'assassinat, s'ils persistaient à réclamer leurs droits. Ogé surtout si fier, si ardent, était le plus souvent en butte à ces indignités. Le séjour de Paris lui était devenu plus pénible qu'aux autres, soit qu'il y fût plus dépourvu, soit que son orgueil trouvât plus d'amertume au pain de l'aumône. Il se plaignait alors continuellement à ses amis des procédés des colons et des lenteurs de l'Assemblée nationale. Il en avait contracté une humeur sombre; il avait des instans de désespoir dans lesquels il proférait ces paroles qu'un philantrope * nous a conservées : " Je commence à me sou-
" cier peu que l'Assemblée nationale
" nous admette ou non, mais qu'elle

---

* Clarkson.

BIBLIOTHÈQUE NATIONALE — Don SCHŒLCHER — IMPRIMÉS

" prenne garde aux conséquences ! Nous
" ne voulons pas demeurer plus long-
" temps dans la dégradation. Nous en-
" verrons des dépêches tout de suite à
" St-Domingue et nous ne tarderons pas
" à les y suivre. Nous pouvons former sur
" nos habitations d'aussi bons soldats que
" ceux de France. Nos propres armes nous
" rendront respectables et indépendans.
" Une fois que nous serons réduits aux
" moyens désespérés, des milliers d'hom-
" mes traverseront en vain l'Atlantique
" pour nous ramener à notre premier état.

Les députés de Saint-Domingue et les colons à Paris, à force de mettre l'Assemblée sur ses gardes toutes les fois qu'il s'agissait des affaires des colonies, avaient fini par exciter dans son sein une extrême défiance. Le moment était venu où il y avait pourtant péril à surseoir les améliorations que réclamaient les possessions françaises, et, au premier rang, Saint-Domingue. Elle n'admit point à la représentation les députés de couleur,

grâces à l'influence des grands planteurs.
Son indécision et sa timidité, du reste,
dans des circonstances si impérieuses lui
valurent dans la suite la perte de la plus
prospère de ses colonies. Elle sentit plus
tard toute l'étendue du mal qu'elle avait
causé, lorsque, ne pouvant plus y porter
remède, elle subit ces paroles tombées de
la tribune : " Périssent les colonies plutôt
qu'un seul des principes qui font notre
force et notre gloire ! "

Cependant, un comité fut institué à
l'Assemblée Constituante le 2 mars 1790,
pour l'examen des affaires coloniales. Un
homme d'une moralité douteuse, Bar-
nave, s'empara presque seul de leur di-
rection. Il entretenait alors des relations
avec quelques colons, notamment avec
le dangereux Lameth. C'est donc pressé entre les insinuations des blancs et
la nécessité de faire quelques concessions
aux hommes de couleur, dont on ne pouvait entièrement éluder les justes réclamations, que le comité colonial présen-

ta à la sanction de l'Assemblée, dans ses séances des 8 et 28 mars, deux projets de décrets calculés, dans leur ambiguité, pour satisfaire les uns et les autres.

Quelques députés, parmi lesquels Grégoire, qui, pour avoir embrassé la cause des affranchis et des esclaves, avaient fait l'expérience de la mauvaise foi des maîtres, se saisirent de l'article 4 des instructions conçu en ces termes : " Im- " médiatement après la proclamation du " décret et de l'instruction, toutes les " personnes âgées de 25 ans accomplis, " propriétaires d'immeubles, ou, à défaut " d'une telle propriété, domiciliées dans " la paroisse depuis 2 ans et payant une " contribution, se réuniront pour former " l'assemblée provinciale ", et réclamèrent, en faveur des hommes de couleur, un amendement qui rendît cet article plus explicite à l'égard du droit qu'il consacrait. Aussitôt des voix nombreuses s'élevèrent pour protester que l'Assemblée n'entendait et ne voulait faire aucune distinction, attendu que les droits de tous, sans acception de couleur, y étaient suffisamment reconnus et établis.

Malgré cette déclaration de la majorité, les députés blancs et leur parti, après des objections non admises, parurent se contenter des décrets, avec l'arrière-pensée de faire prévaloir dans la colonie l'interprétation qu'ils attachaient à cet art. 4. Ils disaient, eux aussi, qu'il n'y avait lieu d'exprimer aucune distinction, mais en repoussant la prétention des libéraux de placer sur la même ligne avec eux des hommes qui n'étaient pas leurs égaux.

Quant aux commissaires de couleur, ils acceptèrent presque tous ce résultat avec plus ou moins de joie. Ogé qui, plus qu'aucun de ses collègues, portait à la représentation de ses commettans le sentiment profond de leur dignité, de leur amour passionné de la liberté, et la conviction qu'il n'était plus possible de transiger avec des droits imprescriptibles, ni même d'en différer la satisfaction complète à toute une population immense qui y mettait son dernier espoir, Ogé eût voulu pour sa classe d'une réhabilitation entière, décisive, incontestable. Néanmoins il se saisit avidement de ce résultat, bien résolu de ne pas borner là sa mission, mais d'exiger, au péril de sa vie, la promulgation des décrets, et de ne point laisser fruster ses mandataires du bénéfice qu'ils en attendaient.

Ogé sentit alors qu'il n'avait plus rien à faire en France, et, d'ailleurs, pressé par la nécessité de fuir des créanciers excités contre lui et sur le crédit desquels il avait été réduit à vivre jusque-là, il se disposa à quitter l'Europe aussitôt. Mais les colons et les députés blancs de St.-Domingue, prévenus de son projet de départ, avaient cherché par tous les moyens à s'y opposer. Ils avaient d'abord obtenu du ministre Laluzerne un ordre qui défendît l'embarquement des hommes de couleur et des noirs sur les navires du commerce. L'Assemblée nationale ayant fait lever cet ordre inique, ils réussirent à persuader aux négocians et aux armateurs des villes maritimes de ne point accepter sur leurs bâtiments des passagers de couleur, et, par une odieuse combinaison, ils écrivirent dans la colonie, en y fesant distribuer des portraits d'Ogé, pour rendre son arrestation inévitable au débarquement, s'il arrivait que les mesures prises en France pour lui interdire le retour à Saint-Domingue fussent insuffisantes. Les colons inquiets ne se dissimulaient pas que dans l'état d'exaspération où se trouvait la classe de couleur dans la colonie, les ressentimens, n'ayant pas obtenu satisfaction, n'attendaient que l'occasion d'éclater et que le moindre appel pouvait déterminer, tôt ou tard, une insurrection générale. Ils redoutaient donc justement Ogé qu'ils avaient eux-mêmes poussé au désespoir ; ils tremblaient qu'il ne vînt à l'esprit de

cet homme, bouillant et dévoué, de venger lui et sa caste surtout de l'oppro-
bre où celle-ci était retenue depuis près
de deux siècles. Voilà, sans doute, le
véritable motif de l'odieuse conduite des
colons, laquelle ne révèle, au surplus, que
l'étendue de leur crainte. Il n'était pas
avéré pour eux qu'Ogé eût le projet, arrêté dès la France de venir bouleverser
Saint-Domingue, ni qu'il fût l'instrument
de la société des amis des noirs ou
l'émissaire des philantropes anglais : cette dernière accusation, comme tant
d'autres, n'a jamais été qu'une calomnie.

Or, Ogé, lorsqu'il voulut s'embarquer,
s'aperçut bientôt des obstacles que l'on
avait mis à son départ : tous les ports
de la France lui étaient fermés. Mais,
malgré la vigilance des colons, il réus-
sit à passer en Angleterre, à la faveur
du déguisement de sa personne et de son
nom : il avait pris celui de Poissac. Là,
les planteurs anglais ne portaient pas

moins de haine aux amis de l'humanité
qui ne réclamaient encore que contre l'o-
dieux trafic des noirs ; les maîtres n'é-
taient pas moins implacables contre tout
ce qui attentait de près ou de loin aux
privilèges que leur conférait l'esclavage ;
là aussi, le préjugé colonial fomentait
l'intrigue, la calomnie, les mauvaises
passions. Enfin les colons des deux pays
s'étaient ligués pour la conservation d'intérêts semblables et d'incessantes et étroi-
tes relations affermissaient leur commu-
ne cause. Ogé revit non sans peine à
Londres le négrophile Clarkson qu'il avait
déjà connu à Paris ; mais il ne put
jamais, malgré son désir, avoir une en-
trevue avec Wilberforce. De l'aveu du
premier de ces philantropes, l'intérêt de
leur cause leur commandait de n'avoir
point de rapports avec lui. Ogé ne s'arrêta donc pas en Angleterre. Il n'aurait
point de repos, disait-il à Clarkson,
qu'il n'eût tourné le dos à l'Europe. Au
moyen d'une modique avance du négro-

phile il put payer son passage de Londres à Charleston. Il séjourna dans cette dernière ville jusqu'au jour où une occasion s'offrit pour Saint-Domingue. Il était sans argent : il vendit ses habits pour régler sa pension. Il s'embarqua sur une goëlette américaine et arriva au Cap dans la matinée du 23 octobre 1790 ; mais il ne descendit à terre que le soir, vers 7 heures. Par un pur effet du hazard il échappa ainsi à toutes les mesures prises pour qu'il fût arrêté dès son arrivée : il en dut, peut-être, le bonheur à l'inquiet empressement de ses ennemis et à l'excès d'activité déployée dans cette occasion. Les navires du commerce, en entrant, subissaient la visite ; tous les points de la côte où il pouvait aborder étaient surveillés avec une extrême vigilance. La correspondance officielle du Cap faisait prière au commandant de Monte-Christ où l'on supposait qu'Ogé serait débarqué avec des complices dont on le disait accompagné.

« d'arrêter les séditieux et de les fai-
« re conduire sous bonne escorte jus-
« qu'au Fort-Dauphin. Ces précautions,
« ajoutait-elle, sont nécessaires pour le
« bien et la sûreté de toutes les colo-
« nies en général. »

Ogé, grâce à la nuit, se rendit immédiatement au Dondon où il retrouva
sa famille, ses amis et ses confrères heu-
reux de le revoir. La nouvelle de son
arrivée ne tarda pas à se répandre. Les
blancs en furent alarmés. Mais aussitôt
les hommes de couleur de différentes par-
ties du pays lui adressèrent des mes-
sages de félicitation pour les décrets qu'il
avait obtenus en leur faveur. Ces décrets avaient précédé Ogé dans la colonie ; ils n'avaient pas été promulgués,
et, cependant, en vertu de leur pres-
cription, des assemblées primaires avaient
été convoquées sans la participation des
hommes de couleur. Les électeurs blancs
avaient confirmé l'Assemblée générale de
Saint-Marc où leur classe seule se trou-

vait représentée. Après cet acte décisif, après une preuve si éclatante de la mauvaise foi obstinée des colons, les affranchis durent renoncer à l'espoir de voir triompher leur cause par la justice et la légalité. Si dès lors ils ne s'étaient pas levés en masse, comme ils firent plus tard, pour appuyer leurs droits par la force des armes, c'est que le premier effet de cette exclusion fut, à part l'indignation qu'en éprouvèrent quelques-uns, de jeter le découragement dans le plus grand nombre. Aussi bien la fortune se montra contraire à ceux d'entr'eux qui ne surent pas attendre l'instant de réaction, l'heure providentielle où la généralité des affranchis se réveilla de son abattement.

Evidemment Ogé avait trop présumé et de l'ardeur et du dévouement du très petit nombre qui l'entourait, et de l'adhésion de la majorité de ses confrères. En effet lorsqu'il courut aux armes en les y appelant, peu le suivirent et la

masse, resta témoin inactif de l'événement, non sans avoir au fond du cœur
le désir de le seconder. L'histoire offre
plus d'un exemple pareil. Lors même
qu'un besoin, un progrès est unanime-
ment senti par une société ou par une por-
tion de cette société, la possibilité de
le satisfaire ou de le réaliser vient après,
même tard, mais vient toujours. Celui
qui s'immole avant le temps à une belle
cause recueille la gloire sans le succès.
La gloire, Ogé avait les nobles passions
qui la donnent; le succès lui a manqué
parce qu'il n'avait pas reçu en partage le
talent qui l'assure et parce qu'aussi il y
avait, à ce moment de notre histoire,
quelque chose de fatal qui entraînait presque irrésistiblement tout, les hommes et
les choses.

Ogé, quoiqu'on le recherchât sans re-
lâche et que l'ordre fût partout donné de
se saisir de lui, ne continua pas moins
a communiquer avec ses amis et ses con-

frères du Dondon et de la Grande-Rivière.
La proscription dont il était l'objet avait
attiré autour de lui ces derniers et en
avait de plus en plus grossi le nombre.

JEAN-BAPTISTE CHAVANNES, proprié-
taire-cultivateur d'une habitation café-
yère à la Grande-Rivière, étroitement lié
avec Ogé par d'anciennes relations d'a-
mitié, fut le premier qui se réunit à lui.
D'honorables précédens l'avaient déjà si-
gnalé à l'estime de ses confrères. Bien
avant le retour d'Ogé, en mai de la même
année, il avait convoqué une réunion
nombreuse d'hommes de couleur dont il
avait été élu l'unique commissaire pour
réclamer, au nom des affranchis, l'exécution des décrets de mars tout récem-
ment parvenus dans la colonie. Les poursuites que l'on s'était empressé de diri-
ger contre lui avaient prévenu sa mission et l'avaient obligé à se retirer dans
la partie espagnole. Il y était resté jusqu'à ce qu'un décret de l'Assemblée pro-

vinciale du nord, défendant les rassem-
blemens de mulâtres et de noirs libres,
lui eût permis, après qu'il eut eu com-
paru pour en recevoir la notification,
de revenir sur sa propriété reprendre pai-
siblement ses travaux agricoles. Il les
quitta de nouveau, à la première occasion de ressaisir la défense de sa cause.
Quoique moins éclairé que son ami, il
avait pourtant un bon sens sûr et droit.
Il possédait de ces rares qualités du cœur
et de ces vertus civiques qui illustrent
l'homme. Mais comme son émule, plutôt
entraîné par sa confiance en la bonté de
sa cause que par l'espoir du succès, il
voua généreusement à l'accomplissement
du grand acte, de la noble conjuration
qu'ils allaient entreprendre, la force de
son bras et la fermeté de son cœur. Il
fut en tout digne de seconder Ogé, et
il est aujourd'hui de moitié dans sa gloire.

Autour d'eux les événemens se pré-
cipitaient : ils eurent à peine le temps de

concerter leurs moyens. Ogé et Chavannes écrivirent d'abord au gouverneur comte de Peinier pour exiger la promulgation des décrets de l'Assemblée nationale ; mais l'Autorité exécutive, réduite presque à l'impuissance par les envahissemens et le despotisme des assemblées coloniales, dissidentes d'ailleurs entr'elles, ne put rien. Les conjurés prirent les armes. Leur petite troupe, au nombre de deux-cent-cinquante hommes, s'organisa à la hâte. Vincent Ogé en fut reconnu le chef principal. Il revêtit alors cet uniforme dont on a tant parlé et avec lequel il montait la garde à Paris, dans les troubles de la révolution : une veste blanche, aux revers bleus et au collet rouge, ornée de deux épaulettes d'or et de la croix de l'Ordre de Limbourg. * Chavannes fut nommé

---

* Ogé avait, dit-on, acheté le grade de colonel et la croix de l'Ordre de Limbourg du prince de ce nom, (cette croix consistait en un ruban incarnat ayant d'un coté le mot *virtute* et de l'autre le lion rouge de l'Ordre) pour se donner de l'importance aux yeux des siens. C'est là l'opinion la plus

adjudant-major du camp et plusieurs autres chefs subalternes prirent le titre de
capitaines.

Le 28 octobre, Ogé à la tête de sa
troupe, opéra le désarmement des blancs
de la Grande-Rivière et, dans la nuit du
30, il arrêta, vers les hauteurs du bourg,
deux dragons porteurs de dépêches adressées par le Président de l'Assemblée du
Cap au Président de la municipalité du
quartier. Ces dépêches transmettaient
l'ordre de s'emparer du chef de la conjuration et les mesures à prendre contre
elle. " Je pourrais vous donner la mort,
" leur dit-il, mais votre jeunesse m'inté-
" resse. Voici un sauf-conduit, portez au
" Cap les deux lettres ci-jointes. "

Par l'une de ces lettres, il s'adres-
sait ainsi au Président de l'Assemblée
du Cap : " Messieurs, un préjugé trop
" long-temps soutenu va enfin tomber. Je

---

mune ; elle n'est pas sans vraisemblance. Cependant il montait
la garde à Paris avec ces mêmes insignes. Il n'y a donc pas
de certitude sur ce fait de peu d'importance d'ailleurs.

« suis chargé d'une commission bien ho-
« norable pour moi, sans doute. Je vous
« somme de faire promulguer dans toute
« la colonie le décret de l'Assemblée na-
« tionale du 28 mars, qui donne sans dis-
« tinction, à tous les citoyens libres, le
« droit d'être admis dans toutes les char-
« ges et fonctions. Mes prétentions sont
« justes et j'espère que vous y aurez égard.
« Je ne ferai pas soulever les ateliers,
« ce moyen est indigne de moi.

« Apprenez à apprécier le mérite d'un
« homme dont l'intention est pure. Lors-
« que j'ai sollicité à l'Assemblée natio-
« nale un décret que j'ai obtenu en fa-
« veur des colons américains connus an-
« ciennement sous l'épithète injurieuse de
« sang-mêlés, je n'ai point compris dans
« mes réclamations le sort des nègres qui
« vivent dans l'esclavage. Vous et nos ad-
« versaires avez empoisonné mes démar-
« ches pour me faire démériter des ha-
« bitans honnêtes. Non, non, Messieurs,
« nous n'avons que réclamé pour une clas-

« se d'hommes libres qui étaient sous le
« joug de l'oppression depuis deux siècles.
« Nous voulons l'exécution du décret du
« 28 mars. Nous persistons à sa promul-
« gation et nous ne cessons de répéter
« à nos amis que nos adversaires sont
« injustes et qu'ils ne savent point con-
« cilier leurs intérêts avec les nôtres.

« Avant d'employer mes moyens, je
« fais usage de la douceur. Mais si, contre
« mon attente, vous ne me donniez pas
« satisfaction de ma demande, je ne ré-
« ponds pas du désordre où pourra m'en-
« traîner ma juste vengeance.

« Les deux dragons de Limonade ont
« fait ce qu'ils ont pu pour remettre la let-
« tre dont vous les avez chargés pour an-
« noncer des troupes qui étaient prêtes à
« voler contre nous. S'ils m'ont remis la
« lettre à Mr. Lambert, ils y ont été con-
« traints par une force majeure; leur vigi-
« lance mérite des égards et des éloges
« de votre parti. Ils sont porteurs de la
« présente.

« Nous exigeons, disait-il dans l'autre
« à monsieur de Vincent, commandant
« de province, la promulgation du décret
« du 28 mars ; nous nommerons des élec-
« teurs, nous nous rendrons à Léogane,
« nous nous fortifierons, nous repousse-
« rons la force par la force si l'on nous
« inquiète. L'amour-propre des colons se
« trouverait insulté si nous siégions à
« coté d'eux ; mais a-t-on consulté celui
« des nobles et du clergé pour redresser
« les mille et un abus qui existaient en
« France ? »

Ces lettres parvenues au Cap, y ré-
pandirent l'alarme. Aussitôt on battit la
générale et M. de Vincent, à la tête de
six-cents hommes, marcha contre les conjurés. La petite poignée des hommes de
couleur, après une lutte opiniâtre, l'em-
porta. La troupe blanche, vigoureusement
repoussée, fut contrainte de rentrer au
Cap. Mais renforcée de plus de quatre-
mille hommes, sous le commandement
du baron de Cambefort et de deux pièces

d'artillerie, elle revint attaquer les conjurés dont le nombre aussi s'était accru
de quelques frères accourus au bruit de
leur victoire et de la nouvelle de forces
considérables dirigées contre eux. Cette
fois leur valeur dut céder à la puissance
du nombre et à la supériorité des armes
ennemies. Ils se replièrent et prirent une
dernière position sur la plus grande hau-
teur de la montagne Beauséjour. Ils ten-
tèrent là un effort désespéré : ils furent
enfin enfoncés et dispersés.

Les deux combats s'étaient donnés suc-
cessivement, dans l'intervalle de cinq
jours. La désertion, aussitôt après cet
échec, se mit dans le camp des hommes
de couleur ; de quatre-cents qu'ils étaient,
vingt-quatre seulement restèrent fidèles à
leurs armes. Ils avaient retenu prisonniers douze officiers et habitans blancs ;
après leur avoir fait jurer respect au décret du 28 mars, ils les renvoyèrent en
liberté, puis se jetèrent dans les bois pour
échapper aux poursuites de l'ennemi. Ils

s'arrêtèrent, dans leur retraite, sur le territoire espagnol, Ogé avec ceux qui le suivirent, à Hinche, * et Chavannes qui, trompé de route, se trouva séparé de son ami, à St.-Jean. Ils furent l'un et l'autre appréhendés et jetés en prison, tous leurs papiers, leurs effets, et leurs armes saisis. Ils réclamèrent vainement la protection du gouverneur espagnol, ils furent, par ses ordres, conduits sous escorte à Santo-Domingo et enfermés à la Tour.

Le jeune frère d'Ogé, tandis que celui-ci était encore à Hinche, lui avait rapporté la réponse tardive du gouverneur comte de Peinier. Le comte de Peinier, accusé de favoriser ouvertement les hommes de couleur, venait, pour parer au danger qui le menaçait, de remettre le pouvoir aux mains de Blanchelande récem-

---

* A Hinche, on fit le signalement de V. Ogé ainsi : un homme de 5 pieds 3 pouces, de couleur brune (il était quarteron), cheveux crépus, nez aquilin avec deux tâches près du nez, de grands yeux, manquant une dent œillère de la machoire supérieure, et une autre du même côté commençant à se piquer. (Géog. d'Haïti par B. Ardouin, note 9, page 177.)

ment, débarqué au Cap. Il entrait dans
le plan du nouveau gouverneur, pour se
faire accepter, de marquer son avénement
par des actes de rigueur, de complicité
avec l'assemblée coloniale dominante.
Blanchelande s'empressa donc de réclamer du gouverneur espagnol l'extradition
des conjurés, en vertu d'un traité exis-
tant entre les rois d'Espagne et de France.
C'était la première fois qu'on en deman-
dait l'exécution; dans bien des circonstances analogues de part et d'autre, il
n'avait jamais été invoqué; c'était un acte
mort dans les archives des deux colonies.

Néanmoins les prisonniers, au nombre
de vingt six *, subirent des interrogatoires

---

* Outre Vincent Ogé et Jean-Baptiste Chavannes, il y
avait Joseph Ogé, l'aîné ; Jacques Ogé ; Alexandre Cou-
thia, frère utérin des Ogé ; Louis Suar ; Alexis Barbault,
dit Boiron ; Hiacinte Chavannes ; Joseph Chavannes, fils
du précédent ; Pierre Angommard ; Jean-Pierre Angommard
Joseph-Louis Angommard ; Pierre Arceau ; Toussaint Par-
voyé ; Jean-Baptiste Grenié ; J-B. Joubert ; Arnaud Joubert ;
Pierre Joubert aîné ; Louis Grégoire ; Jean-Baptiste Cher-
vier, ou Chevus ; Joseph Palmentier ; Louis Labonté, ou
Laborde ; Jean Picard, et J. François Miot. De plus, deux
esclaves nommés Louis et Nicolas-François Olandes.

respectifs en présence du gouverneur général Dom Garcia, de son assesseur, de
l'interprète public et d'un notaire-greffier,
dans l'une des salles du quartier des Vé-
térans. L'Audience royale, appelée le 21
décembre à prononcer sur le sort des
réfugiés, résolut, malgré la généreuse défense de l'Assesseur Dom Vicente Faura,*
qu'ils seraient livrés au pouvoir de leurs
ennemis.

Alors la corvette du roi la Favorite,
commandée par Mr. de Négrier, expé-
diée du Port-au-Prince vers la fin de no-
vembre 1790, les reçut à son bord, et
les ramena au Cap. Toute la ville était
accourue pour les voir débarquer. Ils
traversèrent en résignés cette foule diver-
sement agitée, les uns par la joie de
la vengeance, les autres par la pitié et
la douleur qu'excitaient si justement le

---

* Cet acte valut à Vicente Faura l'estime de son Sou-
verain; en 1791 il fut nommé assesseur général du gouvernement de Sto-Domingo avec 1500$ d'appointemens et
les honneurs d'Oidor de l'audience royale de Caracas. (Géog.
d'Haïti par B. Ardouin : note 10, page 177).

malheur de leurs frères et la pensée certaine de leur supplice. Conduits à la prison, ils furent chargés de fers.

L'Assemblée provinciale du nord, dans
une réunion solennelle, décréta immédiatement leur mise en jugement, et, pour
ravir à ses prisonniers la moindre chan-
ce de lui échapper, arrêta, dans la même
séance, que des commissaires pris dans
son sein assisteraient à toute l'instruction
du procès. Ce procès, ténébreux s'il en fut
jamais, s'élabora durant deux mois dans
les mystères de la torture et d'une inexora-
ble vengeance. Des débats où les juges
des accusés étaient leurs ennemis devaient rester ignorés ; il en transpira cependant que même la défense fut interdite
aux conjurés. Pour les envoyer à la mort,
il fallut faire injure à la morale publique ; il fallut abdiquer sa conscience,
mentir en les déclarant coupables d'un
projet de soulèvement des hommes de
couleur, de vols faits à main armée aux
blancs de leurs armes, munitions, che-

vaux et autres effets, vols accompagnés, ajoute l'acte de condamnation, d'effractions, meurtres, assassinats. En un mot, il fallut donner au monde le change sur ce crime juridique. L'histoire, à son tour, prend soin aujourd'hui de venger ces héroïques victimes, en flétrissant leurs bourreaux. Elle n'a pas besoin d'aller chercher dans l'ombre où ils se sont commis tous les forfaits de ceux-ci; mais elle fait lever son jour sur la gloire de celles-là. Il lui suffit d'enregistrer la condamnation la plus inique qu'aient prononcée des juges, d'une part, et de l'autre le dévouement et le courage avec lesquels les proscrits subirent le plus cruel des supplices. C'est le 23 février 1791 que le Conseil Supérieur du Cap condamna Vincent Ogé et Jean-Baptiste Chavannes à être rompus vifs. Deux jours après, le 25, les conjurés, amenés sur la place d'armes du Cap, y furent exécutés. Leur sentence portait qu'ils devaient être conduits par l'exécuteur de la haute-jus-

tiée au devant de la principale porte de
l'Eglise, et là, nu-tête et en chemise,
la corde au cou, à genoux et ayant dans
leurs mains chacun une torche de cire
ardente du poids de deux livres, faire
amende honorable et déclarer à haute
et intelligible voix que c'est méchamment,
témérairement et comme mal avisés qu'ils
ont commis les crimes dont ils sont con-
vaincus; qu'ils s'en repentent et en de-
mandent pardon à Dieu, au roi, à la
justice; de là, être conduits sur la place
d'armes, au côté opposé à l'endroit destiné
à l'exécution des blancs, avoir les bras,
jambes, cuisses et reins rompus vifs sur
un échafaud dressé à cet effet et être
mis par l'exécuteur de la haute-justice sur
des roues, la face tournée vers le ciel pour
y rester tant qu'il plaira à Dieu leur con-
server la vie; puis avoir leurs têtes cou-
pées et exposées sur des poteaux, celle
de Vincent Ogé jeune sur le grand chemin qui conduit au Dondon, celle de
Jean-Baptiste Chavannes sur le chemin

de la Grande-Rivière en face de l'habitation Poisson.

L'Assemblée provinciale assista en corps à cette exécution. Cette pompe inaccoutumée pour un supplice, décela l'importance de l'événement, en dépit du soin que l'on avait pris de le rapetisser. C'est là du reste une de ces nombreuses imprudences commises alors par les colons au profit de notre avenir. — Il n'y eut point de rémission. Deux autres conjurés, quelques jours après, furent aussi rompus vifs, vingt-un pendus, et treize condamnés aux galères perpétuelles. Ceux qui n'eurent point à subir la mort ou à porter les chaînes du forçat, furent marqués au fer rouge.

Les faits disent assez quels étaient les hommes que la législation coloniale punit si rigoureusement. Ce ne furent point des tribuns avides de changemens impossibles ou hâtifs et victimes déplorables d'une fougue imprudente; ce ne furent point des anarchistes aspirant uni-

quement au désordre social. Au contraire, après avoir souffert deux siècles d'op-
probre, ils se présentent humblement,
réclament des droits ; la loi les consacre.
Même en vous demandant l'exécution de
cette loi, ils protestent de leur vouloir de
maintenir l'ordre, la paix et l'union ; car
ils ne veulent qu'être réhabilités, en vertu même des progrès de votre société,
dans leur honneur personnel, dans la dignité de leur origine humaine ; vous les
repoussez, vous les forcez à s'armer contre vous et vous frappez des rebelles,
dites-vous ! La justice de l'histoire est
enfin venue pour eux. Il faut plaindre aujourd'hui l'aveuglement des colons ; tant
brille la gloire de nos martyrs. Et d'ailleurs les événemens postérieurs n'ont-ils
pas suffisamment trahi les folles espérances des premiers, en suscitant des ven-
geurs à Ogé et à Chavannes ?

Eloignés que nous sommes de ces temps
de convulsions qui ont enfanté notre in-
dépendance présente, il doit nous pa-

raître que les premiers défenseurs de nos
droits et nos premiers libérateurs furent
d'une trempe d'âme supérieure à la nôtre.
Il n'y a point là d'illusion. Autres temps,
autres hommes; grands événemens, gran-
des âmes. Ils avaient foi dans la force
du droit et non dans le droit de la force.
C'est pourquoi, lorsqu'ils embrassaient
une cause sainte, belle, glorieuse, ils s'y dé-
vouaient comme Ogé et Chavannes, ils portaient leurs têtes à l'échafaud, leurs membres à la roue et à la barre de fer du bour-
reau, avec une héroïque fermeté et une conviction qui ne fléchissait pas devant le supplice, lorsque le succès les avait trahis. Ils
savaient ces hommes-là que le progrès, sau-
vegarde des sociétés, que la justice de Dieu
arrive toujours à son heure sur cette terre.

Et en effet, en vain la terrible exécution d'Ogé et de Chavannes avait-elle
d'abord consterné et réduit les affranchis
à une apparente soumission; en vain les
colons avaient-ils calomnié ceux qu'ils

avaient immolés à leur vengeance ; en vain la proscription avait-elle continué d'atteindre ici et là les hommes de couleur ; l'an 1791 ne s'écoula pas que nos frères réunis à la voix de Beauvais et de Pinchinat, coururent aux armes, furent trois fois vainqueurs et dictèrent aux blancs ces fameux concordats qui ont consacré en définitive leurs droits, confirmé les décrets de mars 1790 et de mai 1791, * et dans lesquels nous lisons surtout avec reconnaissance et orgueil la réparation d'honneur des anciens proscrits de notre race et ces nobles paroles qui ont apaisé les mânes d'Ogé et de Chavannes : " Nous regardons dès à présent " les arrêts prononcés contre eux comme " infâmes et dignes d'être voués à l'exé- " cration contemporaine et future. "

FIN.

---

* Ce décret rendu le 15 mai 1791 admettait dans les assemblées coloniales les sangs-mêlés de toute couleur, tous les libres enfin.

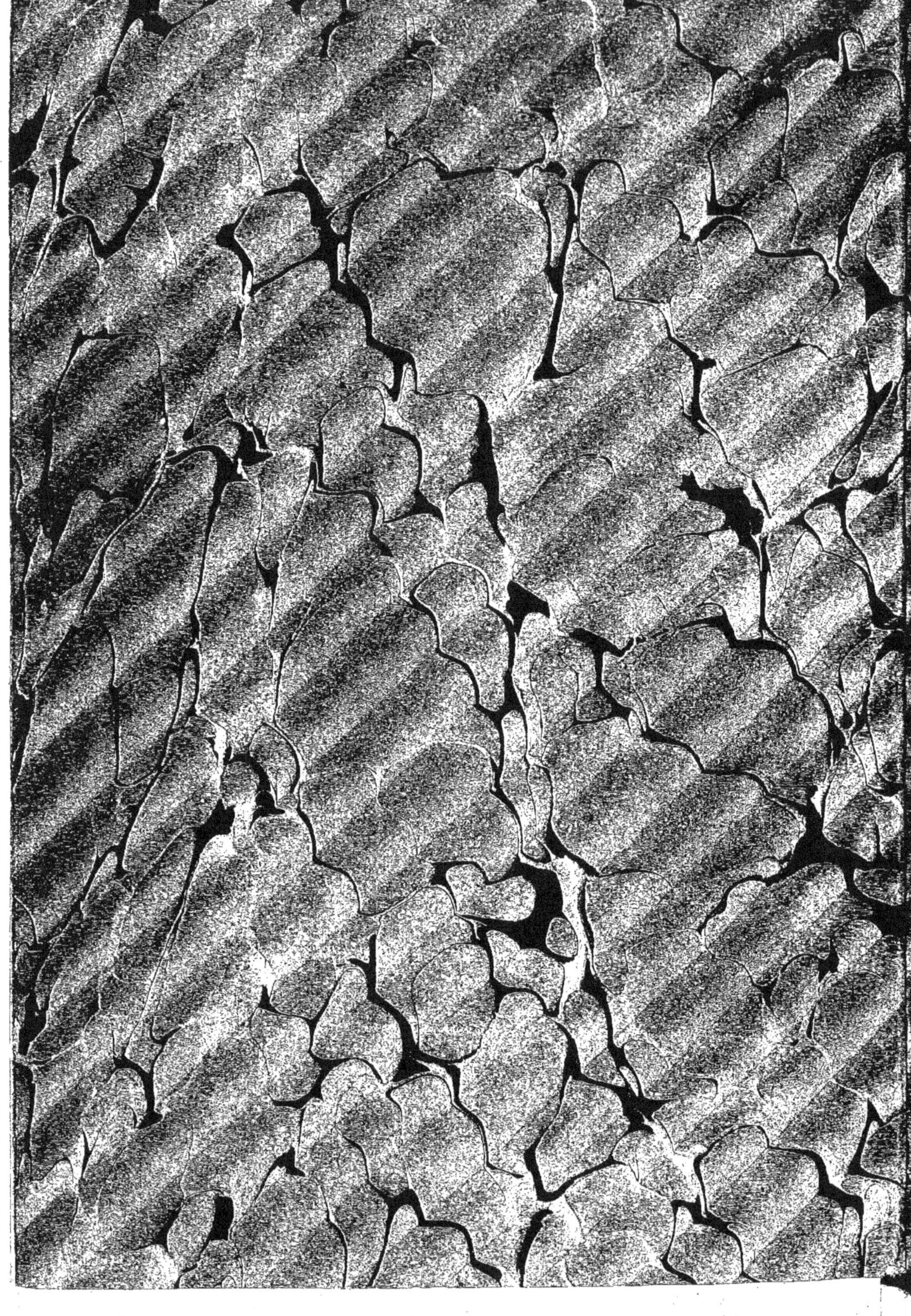

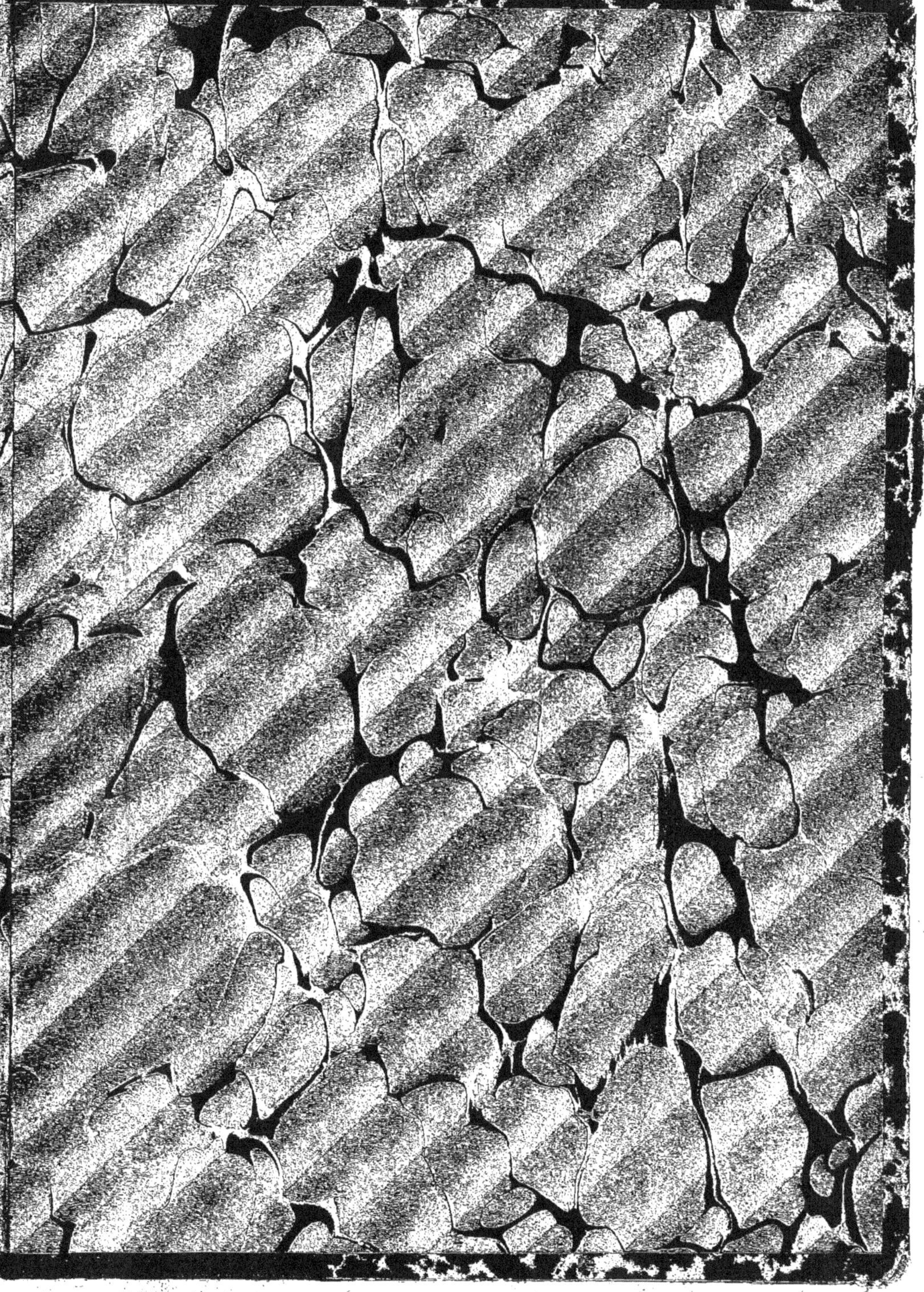

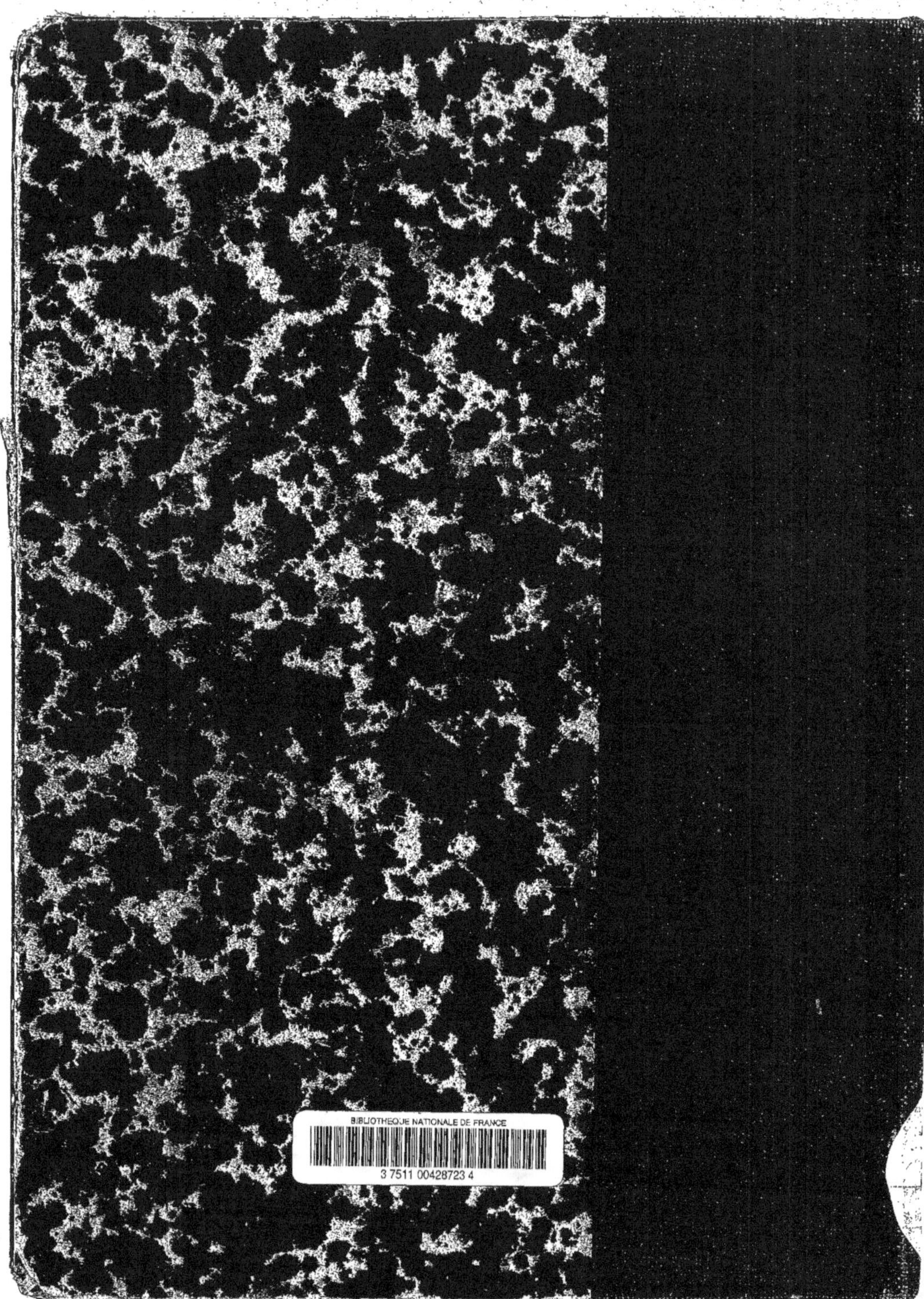
BIBLIOTHEQUE NATIONALE DE FRANCE

3 7511 00428723 4

ARDOUIN

...OGRAPHIE

DE

L'ILE

D'HAÏTI

8° Pu
279
280

www.ingramcontent.com/pod-product-compliance
Lightning Source LLC
Chambersburg PA
CBHW061256050726
47594CB00004B/1500